AF370219

JAPONNERIE

BLEUETTE EN UN ACTE

PAR

A. RODOCANACHI

PARIS

IMPRIMERIE NOIZETTE

8, RUE CAMPAGNE-PREMIÈRE, 8

1891

JAPONNERIE

BLEUETTE EN UN ACTE

JAPONNERIE

BLEUETTE EN UN ACTE

PAR

A. RODOCANACHI

PARIS

IMPRIMERIE NOIZETTE

8, RUE CAMPAGNE-PREMIÈRE, 8

—

1891

A Mademoiselle Despina Coronio

PERSONNAGES

OYOUKI.
SIKIONG.
ASKONG, le sculpteur.
Le père d'OYOUKI
DEUX GÉNIES.

Yédo. — 18....

JAPONNERIE

Une terrasse encombrée de roses, de jasmins et de lotus. Dans
le fond, quelques arbres touffus. A droite, un divan. Clair-de-lune.

SCÈNE PREMIÈRE

OYOUKI, étendue sur le divan, dans l'attitude de la prière.

OYOUKI

O Toi qui des hauteurs de l'éther nuageux
Règnes en maître saint jusqu'au Koul-Koum neigeux,
Toi pour qui les croyants se prosternent en foule
Dans les temples sacrés, dont l'ombre se déroule
Par les champs verdoyants de riz et de bambous,
Des volcans de Nipon jusqu'aux monts des Hindous,
O Bouddha trois fois saint, jamais le crépuscule
N'a baigné sa rougeur dans la mer qui s'ondule
Sans que le toit courbé de la pagode Hanan
N'ait abrité les mains jointes d'Oyouki-San.

Donc exauce aujourd'hui, Dieu du Céleste Empire,
Les vœux de la fidèle esclave qui soupire
D'un doux amour cruel pour le divin Sikiong.
Et qu'un père inhumain livre au sculpteur Askong....

(Elle s'assoupit, tandis qu'on entend bruire de faibles modulations.)

Les ombres de la nuit s'épandent sur la plaine.....
J'entends un grand murmure... une divine haleine...
Oh! la douce caresse..... elle passe dans l'air.....
Et tout semble dormir...les grands bois... et la mer.

(Elle s'endort).

SCÈNE II

DEUX GÉNIES, entrant par la gauche; OYOUKI, endormie.

PREMIER GÉNIE.

Calme, Oyouki, tu dors au milieu de ces roses,
Et le divin sommeil, sur tes paupières closes,
A répandu l'oubli, liqueur de volupté,
Où tu trempes ta lèvre avec avidité.
Mais je veux que partout l'image de la vie
Hante de son horreur ton âme poursuivie
De fantômes hideux. En un rêve sanglant,
Tu le verras, Sikiong, tu le verras, râlant.
A tes pieds, l'attirant avec lui dans sa ruine,
Et tu verras des chiens déchirer sa poitrine.

DEUXIÈME GÉNIE.

Non, il est plus cruel de voir un idéal
Par les yeux du sommeil, puis, le réel brutal.
Je veux faire éclater à ton âme, oublieuse
Des soucis et des maux de la vie odieuse,
Les charmes de l'amour si sublimes, si grands,
Que tu dises ensuite en sanglots déchirants :
Hélas, tout n'est que rêve !

(Les génies se retirent).

SCÈNE III

Une musique sonore éclate soudain ; le théâtre s'illumine de
lumières azurées. Le rêve a commencé.

OYOUKI, se dresse debout et porte des regards inquiets sur les
lieux qui l'environnent.

OYOUKI, seule.

Où suis-je?... O grand Sinsiou,
O Bouddha le sublime, antiques Ramiou,
Quel est ce messager des volontés divines?
Il est beau comme l'astre aux lueurs purpurines
Qui pâlit dans les soirs et plane radieux
Sur les pignons ardus des pagodes des Dieux !

Ses cheveux sont dorés comme ces tiges blondes
Qui s'inclinent avec l'inconstance des ondes.
Il s'approche... Dieu saint !... Sikiong... serait-ce lui?
... Mais non, non, cent fois non: Tzki d'argent a relui,
Et les voiles des nuits où se perd son jour blême
Ont abusé mes yeux. La belle chrysanthème,
S'il était apparu, certes aurait souri,
Et la nature entière aurait encor fleuri.
Tout n'est qu'illusion, que chimère, que fable;
Mon œil cède à l'amour, sentiment ineffable
Devant qui tout s'envole, ambitions, chagrins,
Qui, despote, régit Mikados, mandarins,
Et courbe tous les fronts sous sa cruelle étreinte...
... Mais quelle est dans les airs cette triste complainte?
Le murmure du vent, ou le reflux des flots
Qui déferlent au loin en battant les îlots?
La nature est muette; et cette rapsodie
Sort d'une bouche humaine en douce mélodie.

(On entend la voix de Sikiong qui chante à la cantonade.)

Les lourdes nefs aux larges voiles,
Par une claire nuit d'étoiles,
Vont quitter les rives des Ken.
Adieu, voluptueux Eden !
Le grand Mikado veut combattre :
Hélas ! les balles vont abattre
Bien des amants et des époux.

Adieu, suaves rendez-vous
Sous les touffus rameaux des houx.
Le grand Mikado veut combattre :
Hélas! les balles vont abattre
Bien des amants et des époux.

Dieu qui régis la destinée,
Par une fraîche matinée
Respirant la douce senteur
Des lotus, — fais, ô Créateur,
Que je tombe dans la fumée
En voyant son image aimée ;
Car il me serait plus cruel
De la retrouver à l'autel
Au bras de ce maudit sculpteur.
Que je tombe dans la fumée
En voyant son image aimée,
Ô grand Sidhârta Créateur,

Oui, je la verrai cette image,
M'apparaître dans un nuage,
Un spectre, — rien qu'un spectre hélas! —
Ombre assistant à mon trépas,
Tandis que les glaives farouches,
Les mitrailles et les cartouches,
Abattront les vaillants guerriers.
Je verrai ses regards altiers,
Au sein des reflets des aciers.

Tandis que les glaives farouches,
Les mitrailles et les cartouches,
Abattront les vaillants guerriers.

*

Mais que la brise parfumée
Porte à ton cœur, ô bien-aimée,
Ce baiser, — et dans l'avenir,
Quand la vieillesse misérable
T'aura marquée, inexorable,
De celui qui marche à la mort
Plutôt que de subir son sort
Daigne, Oyouki, te souvenir.
Quand la vieillesse misérable
T'aura marquée, inexorable,
Plus tard, plus tard, dans l'avenir.

SCÈNE IV

OYOUKI, puis SIKIONG.

OYOUKI, seule.

Sikiong ! Sikiong !

SIKIONG, entrant.

Celui qui marche vers la mort.

Te salue.

OYOUKI.

O grand Dieu! prends pitié de mon sort!

SIKIONG.

Entends-tu?

OYOUKI.

Qu'est-ce donc?

SIKIONG.

                              La trompette qui sonne
Le départ et la mort. Que le Bouddha te donne
Un paisible bonheur, Oyouki-San, adieu

OYOUKI.

Quand aura disparu le grand rivage bleu,
Quand tes yeux ne verront que des flots et des ondes
Se succéder roulant sur leurs bases profondes,
Songe qu'Oyouki-San, là-bas, à l'horizon,
S'éteint au sein des fleurs sous les feux du poison.
... Mourir! je vais mourir! oh! qu'il est doux de vivre.
Mais Sikiong va périr, Oyouki doit le suivre.
Qu'est-ce donc, cette mort? Cela fait-il bien mal?
Frappe-t-elle soudain l'âme d'un coup brutal?

SIKIONG.

Le mal est plus affreux, quand c'est l'amour qui tue...
Vis, Oyouki, crois moi, pauvre enfant éperdue
D'amour.

OYOUKI.

Fuyons ensemble au pays de Vichnou,
Où murmure l'Indus sous le frêle bambou,
Où le Gange mugit au sein des villes blanches.
Sur un tapis herbeux, sous le dôme des branches,
Elévons un palais, — car le plus beau séjour
Est une humble maison que bénit un amour.

SIKIONG.

Ah! ne me tente pas?

OYOUKI.

Fuyons, je t'en conjure !

SIKIONG.

Quoi! tu veux que je sois déshonoré, parjure...

OYOUKI.

Que parles-tu d'honneur quand il s'agit d'amour!

SIKIONG.

Adieu : j'entends le son des gongs et du tambour,
Qui là-bas, vaguement, résonnent sur la dune,
Et le canon qui gronde au large clair-de-lune.

OYOUKI.

Sikiong, mon bien-aimé, si tu m'aimes, fuyons !

SIKIONG.

Hé bien ! Fuyons.
   (Ils font un pas pour se retirer lorsque Sikiong s'écrie.)
  Que vois-je !... Un homme qui s'avance !...
C'est Askong le sculpteur !

OYOUKI.

       Alors toute espérance
N'est pas perdue. Askong est épris de son art
Et je vais lui jouer un bon tour sans retard.

 (Oyouki saisit sur le divan une couverture blanche et s'y drape, prenant une pose de statue. L'illusion est complète car la lumière rend son visage très pâle et la teinte de ses cheveux disparaît sous des rameaux qui tombent à la hauteur de son front. Sikiong se cache derrière le massif.)

SCÈNE V

OYOUKI; SIKIONG, caché; LE SCULPTEUR entrant.

LE SCULPTEUR, (sans voir la statue).

Que Bouddha soit maudit avec tous ses confrères.
Je sue et j'ai plus chaud que soixante cratères,
Tous en activité. Moi, l'illustre sculpteur.
Courir à travers champs comme un pauvre pasteur
Anglican! O l'affront! ô misère!... J'enrage.
Moi, le fameux Askong (ô la honte! ô l'outrage!)
Moi dont la renommé a traversé la mer
Pour s'étendre éclatante au pays d'outre-mer,
Eh bien, voici tantôt deux heures tout entières
Que je cherche à travers plaines, champs, bois, clairières,
Un modèle à mon marbre — un présent nuptial
Pour ma belle — Oh! je veux un modèle idéal,
Plein de grâce, d'attraits, de charme poétique.
Comme, hélas! ici-bas tout est bien prosaïque,

(Se retournant et frappant du pied).

Je suis resté penaud...

(Apercevant la statue.

                    Mais que vois-je en ce lieu?
Serais-je par hasard protégé par un dieu?
Oh! la belle statue, ô huitième merveille ;
Non, jamais je ne vis expression pareille,
Contours plus délicats et marbre plus vivant,
Qui donc a dessiné ce doux regard, rêvant
Sans doute de pays enchantés et célestes
Où des anges brillants, divinités agrestes,
Se jouent entre des fleurs, toutes d'or et d'azur?
Qui donc a fait jaillir d'un marbre blanc et pur
Sous les coups du ciseau cette grâce divine?...
... Mais je crois, par Bouddha, que tout ceci termine
Notre course nocturne, et que cette beauté,
Au regard languissant, plein de limpidité
Et de charme divin, peut servir de modèle
A l'habile ciseau du nouveau Praxitèle,

(A ce moment, Sikiong fait un léger mouvement.)

Mais serait-ce l'auteur de ce marbre charmant
Qui rampe sous les fleurs, là-bas, furtivement,
Ah! certes, il me faut féliciter ce maître,
Par Çakya-Mouni, cet homme ne peut-être
Que le célèbre Grec, Phidias ressucité!

(Afin d'attirer l'attention du sculpteur pour la détourner de
Sikiong, Oyouki fait un geste. Askong s'arrête et regarde la statue avec stupéfaction.)

Quel miracle divin, quelle fatalité

Dans ce cœur fait de roc mit un souffle de vie?
O prodige effrayant! ce marbre me convie,
D'un geste menaçant, d'un œil plein de fierté,
A quitter au plus vite un Eden enchanté.
O rocher animé, nouvelle Galathée,
J'obéis à ton charme. (A part.) O statue enchantée,
Je crois avoir trouvé le nom de son auteur,
Le nom de cet habile et sublime sculpteur
Dont la lèvre, Oyouki, sur ta charmante face
De baisers amoureux a dessiné la trace.

    (Il se retire.)

SCÈNE VI

OYOUKI, SIKIONG, sortant du massif.

OYOUKI.

Fuyons à travers champs, fleuves et monts ardus!...
... On vient !... Askong, mon père!... Ah, nous som-
                                      [mes perdus.

SCÈNE VII

OYOUKI, SIKIONG ; entrent LE SCULPTEUR et LE PÈRE.

LE SCULPTEUR, au père.

N'avais-je pas raison ? dites, mon cher beau-père.
Ce marbre gracieux, tout confit de mystère.
N'est-il Oyouki-San ?

OYOUKI, se jetant à genoux.

Grâce !

SIKIONG, de même.

Grâce !

OYOUKI.

Je l'aime.

LE SCULPTEUR.

C'est ce que je pensais. Je suis donc le deuxième
Dont le cœur s'enflamma sous le feu de l'amour,
Pour Oyonki ; ce cœur ne s'éprit qu'en ce jour,

Et cet amour naquit pour ce qu'il croyait être
Un marbre. Je puis donc adorer une pierre.
Je vous bénis ; — et vous, ma belle cachottière,
Permettez, je vous prie, à l'artiste amoureux,
De sculpter ce visage aux regards langoureux,
Aux grands yeux noirs rêveurs pleins d'attraits inef-

[fables,

Et qui sans doute ont fait des maux inguérissables
J'aimerai la statue (montrant Sikiong), et vous l'original.

(Il se retire avec le père.)

*

SCÈNE VIII

OYOUKI, étendue sur le divan ; SIKIONG, agenouillé à ses pieds ;
puis, le DEUXIÈME GÉNIE.

OYOUKI.

J'entends bruire partout un hymne nuptial,
Un murmure de joie, et des voix naturelles
Qui caressent mon cœur comme un frôlement d'ailes
Plus léger qu'un zéphyr qui glisse dans les airs.
Il semble s'exhaler... indécis... des cieux clairs,
Plus doux que le roulis des ondes sur la grève...

(Elle ferme les yeux.)

DEUXIÈME GÉNIE, apparaissant.

Sikiong ! quitte ces lieux.

(Il disparaît avec Sikong ; le murmure qu'on entendait au début de la scène cesse soudain. Les lueurs s'éteignent. Le rêve est terminé. Oyouki s'éveille.)

OYOUKI, après un instant de silence.

Hélas, tout n'est que rêve !

(Tandis que les acteurs s'avancent pour saluer le public, le deuxième génie se détache du groupe et dit, s'adressant aux spectateurs.)

Tout cela, je l'avoue, était bien ennuyeux.
Ne vous étonnez pas si je vous dis : tant mieux.
Je déteste Oyouki, mais j'aime l'auditoire
Qui m'écoute étonné, refusant de me croire.
Je veux votre bonheur : je veux que cette nuit,
Tandis que dans la rue aura cessé tout bruit,
Vous voyiez apparaître un cauchemar horrible.
Par exemple (ô malheur ! ô torture indicible !)

Vous entendiez (horreur !) une autre audition
De cette affreuse, hélas ! représentation.
Car alors, au moment où le soleil se lève,
Vous direz tout joyeux : Ah ! ce n'était qu'un rêve !

www.ingramcontent.com/pod-product-compliance
Lightning Source LLC
LaVergne TN
LVHW020637180726
843502LV00006B/2083